諷詩調詩集 · 488

풍간시초 · 4

박진환 제540시집

지성.감성의 메타언어
조선문학사시인선.1001

諷詩調詩集 · 488

풍간시초(諷諫詩抄) · 4

조선문학사

■ 책머리에

600권의 시집에 가 닿고 싶다

　이번 풍시조시집은 『풍간시초(諷諫詩抄)』란 타이틀로 『책선시초(責善詩抄)』 이후에 쓴 풍시조 2,800편을 100편씩 28권의 시집에 나누어 묶었다.
　타이틀 풍간(諷諫)이란 말은 '살며시 나무라는 뜻을 붙이어 비유로 남을 깨우친다'는 말이다. 바꾸어 풀이하면 잘못을 비유로써 깨우친다 함이니 시로써 징벌하는, 문화적으론 선에 이바지함쯤이 된다. 풍시조 식으로는 악에 감행하는 시의 복수도 되고, 복수의 시가 되기도 한다. 그리고 악에 감행한 문화적 징벌이니 선에 이바지하는 개선(改善)의 의도쯤이 된다.
　시대・세태・현실에서 자행되고 있는 부조리・비리・악행과 같은 시대적 병리를 비유로써 일깨워줌으로써 선을 일으켜 세우려는 문화적 행위쯤이 된다.

풍시조가 악의 교정을 통한, 악을 징벌함으로써 선을 일으켜 세우고자 하는 선에의 봉사라는 점에서 '순수한 통징'의 감행이라고도 할 수 있다.

 나름의 풍시조 시에 대한 신념에 충실하고자 하고 앞으로 중단됨이 없이 더 써서 600권의 시집에 가 닿고 싶다.

2025년 仲秋
저자

박진환 제540시집 / 諷詩調詩集 · 488

풍간시초 · 4

차례

책머리에_600권의 시집에 가 닿고 싶다 / 5

2025년 5월 21일

물러섬 아니던가 / 13
운명 좇아야 / 14
인(忍)도 들어 있데 / 15
결과는 구려서 / 16
??? 셋이나 찍혀서 / 17
돌 피해서 / 18
뜻이었데 / 19
막힌 숨통이라도 / 20
성숙된 모습들을 / 21
떠올리게 해서 / 22
외면해서 / 23
↓ 같아서 / 24
꿈꼬대? / 25
칼은 칼로 망한다데 / 26
그거거든 / 27
부러울 게 따로 있지 / 28

아무나 그 앞에 서나 / 29
상징물도 돼서 / 30
이중 효과물이네 / 31
그래도 기운 것을 / 32
좋을수록 뒤로 물러서는 / 33
대권주자들 귀에는? / 34
글쎄요?도 / 35

2025년 5월 22일
고착(固着)이야 / 36
정신병 / 37
명마 될 수도 / 38
왕 망했다 / 39
아직도 모르는 듯 / 40
까까?? / 41
천인소지 / 42
못한다는 점 / 43
절레절레 불러와서 / 44
절망 같아서 / 45
만사무석 / 46
사과론 안 통하는 시대 됐어 / 47
이런 추한 임명이었다니 / 48
주먹 같아서 / 49
자동연계 / 50

답일 듯싶어서 / 51
그 이후는 시작될 듯 / 52
아니던가 / 53

2025년 5월 23일
놓아줄지? / 54
울 수도 없어서 / 55
속까지 검어서 / 56
우거지상 못 면할 듯 / 57
메아리 없는 외침 / 58
그 이상일 듯 / 59
난파선 있을 듯 / 60
???? / 61
미각 밖 / 62
오래거든 / 63
꼴 돼서 / 64
비웃음이 딱이어서 / 65
바람에 끌려가서 / 66
복당으로 향할 듯 / 67
했으니 / 68
우리 뜻대로 / 69
될랑가 / 70

2025년 5월 24일

차례도 없어 / 71
꿈꾸고 있는 것 같아서 / 72
아무 일도 없었다 / 73
혼자만의 생각일까? / 74
???? / 75
양심이 없다던데 / 76
못 면하는 하치(下治) / 77
'파면' / 78
그러하다 / 79
같을 듯싶어서 / 80
더러운 아첨꾼들 / 81
하나일 듯싶어서 / 82
너무나 다른 / 83
그리해서 / 84

2025년 5월 25일

'너 죽고 나 살자' 판 / 85
구시상인부 되는 것을 / 86
주둥이 됐다데 / 87
거짓말 아니던가 / 88
와 질려 / 89
돼서야 / 90
？？ / 91
일으킬 판이어서 / 92

뽑아내야 / 93
비굴이란 등식이 되기도 / 94
아닐지 / 95
글쎄요? / 96
정치여서 · 1 / 97
정치여서 · 2 / 98
정사(政事) 바로 못 해서 / 99
제대로 하겠는가 / 100

2025년 5월 26일

어디로 ???이 발자국으로 찍혀서 / 101
꼴사납다 / 102
잇대일 듯싶어서 / 103
입맛 뭘로 닦아내? / 104
꼴불견 / 105
답 없어서 / 106
헛소리 같기도 / 107
꿈꼬대 즐기는 / 108
빈곤층이 더 늘어났거든 / 109
가로젓는 것일까 / 110
빚밖에 방법이 없어서 / 111
정답이네 / 112

- **시집 평설을 대신해서_諷詩調에 대한 사계의 견해**
  三行詩의 안팎_문덕수 / 113
  知的調律에 의한 시 意味의 密度와 結晶度_성찬경 / 122
  諷詩調의 깃발과 風向_김용직 / 128
  박진환의 3행 '諷詩調'에 대하여_최원규 / 131
  풍시조 읽기_문효치 / 136
  諷詩調에 나타난 형이상시법의 수사법_최규철 / 140

2025년 5월 21일

물러섬 아니던가

'5월 전공의 추가모집 허용' 두고 또 물러선 정부했던데, 나아갈 곳도 있던가, 머물러 있기도 힘겨운데 나아간다? 물러섬이 최선, 물러섬을 퇴행(退行)이라 했던가? 파면 윤정부 특허품이 물러섬 아니던가

운명 좇아야

인권위 떠나는 남규선 상임위원, 위원장 이창호 '사퇴하라'
작심 발언, 사퇴하면 더 좋고, 안 해도 유효기간 다가와서
유한성이란 게 운명, 운명 좇아야

인(忍)도 들어 있데

미 트럼프 2기 집권 맞은 중, 패권경쟁·관세폭탄 에러 예견한 듯 '두 번은 안 당한다' 작심하고 버틴 인지위덕(忍之爲德)으로 버티기에 급한 미, 사실상 후퇴, 패권의 덕목에 인(忍)도 들어 있데

결과는 구려서

지귀연 판사의 룸살롱 향응 진실 공방 두고 '신속규명' 외치던데
허위면 다행이고 사실이라면 당장 사퇴하고, 재판에서도 손 떼야
신속의혹 진위확인, 투명 공개 뭉개지 않기를, 뭉개면 결과는 구려서

??? 셋이나 찍혀서

대권후보들 TV토론 선문답에 그친 정책 겉핥기 했던데
정책이 속빈강정이어선가? 정답이 없어선가? 둘 다나 아닐지?
답답하다, 답답, 답이 둘인데도 답 대신 ??? 셋이나 찍혀서

돌 피해서

요즘, 화두 사법부 탄압이다, 길들이기다 등이 전에 없이 나돌던데, 돌 던질 일이 생겼나? 돌 맞을 일이 생겼나? 아니면 둘 다냐? 재판에 생명·명예·진실을 걸어야 돌 피해서

뜻이었데

'권영국이 없었더라면' 했데, 무슨 말인가 했더니 대권후보 TV 토론 때 권영국 후보가 외친 '빛의 혁명'인 시민광장을 운동 계엄 세력 '김문수는 사퇴하라'란 외침 못 들었을 것이란 뜻이었데

막힌 숨통이라도

이건희 불기소 이창수 중앙지검장을 비롯, 중앙지검 조상원
4차장, 검사 최초 탄핵 안동완 검사 등 줄사퇴, 허긴
앉아있어 봤자 유한직, 하루라도 빨리 벗어나 막힌 숨통이라도

성숙된 모습들을

대권지지도, 여권 다 합쳐도 이재명 못 따라잡데
벌써 이 지경이면 앞으로 더 기울어질 듯, 제발
볼썽사납게 헐뜯지 말고 대권주자답게 성숙된 모습들을

떠올리게 해서

대선판 텐트가 둘 있는 모양이데, 하나는 이재명의
빅텐트, 또 하나는 김문수의 빈텐트, 문전성시란 게
덕불고필유린(德不孤必有隣)이라는 공자의 말씀 떠올리게 해서

※ 덕불고필유린(德不孤必有隣) : 덕은 외롭지 아니하고 반드시 이웃이
있다는 논어의 말

외면해서

빅텐트엔 만화방창, 빈텐트엔 낙화난상지
옛분들 말씀 허사 아닌 것이 오늘날에도 다르지 않아서, 텐트란 게
여름날 그늘과 같아서 덕 베풀면 모여들고 실덕하면 외면해서

※ 만화방창(萬化方暢) : 뜰에 가득한 복숭아꽃.
※ 낙화난상지(落花難上枝) : 떨어진 꽃은 다시 가지에 오르기 어렵다 함이니,
이미 그릇된 일은 수습키 어렵단 뜻.

↓ 같아서

김문수, 반명 빅텐트, 이준석·이낙연 품을 수 있나 했데
헌데 정작 이준석은 꼼짝도 않고, 이낙연 또한 정치 9단
승패 없는 싸움에 끼어들겠나, 설혹 품는다 해도 결과는 ↓ 같아서

꿈꼬대?

낙동강 민심이 심상찮다데, 소이인즉 '국힘 하는 꼴 보니 안되겠다' 어쩐다 보수정치 둘중 그중 큰 둑 무너지면 열세 아닌 끝장, 소이 중 '불법계엄에 싸늘한 여론, 그래도 '아무 일도 안 일어났다'면 꿈꼬대?

칼은 칼로 망한다데

　김문수, 이재명 방탄복 유세에 "전 총 맞을 일 있으면 맞겠다" 총 맞을 일 한 적 없고, 있다손 쳐도 그런 일은 없어, 칼이면 몰라도 총 맞을 일이란 게 도치(刀治)가 원인 제공, 칼은 칼로 망한다데

그거거든

카타르·트럼프에 선물한 보잉 747, 내막인즉 카타르의 자발적
선물이 아니라 트럼프가 먼저 요청했다데, 헌데 그 요청이란 게
강목수생이나 아니었을지, 패권의 주특기가 그거거든

※ 강목수생(剛木水生) : 마른 나무에서 물을 나오게 한다 함이니 없는
사람에게 억지로 강요함을 두고 한 말.

부러울 게 따로 있지

국민의힘 '배우자 토론 제안', 김건희는 입도 뻥긋 못하더니 비아냥했데, 배우자가 대통령 하냐? 허긴 김건희·윤석열은 부부대통령이란 말도 했었지, 그게 부러웠나, 부러울게 따로 있지

아무나 그 앞에 서나

국힘, 이재명후보의 방탄유리벽 유세를 '정치쇼'라 했던데, 쇼면 흥행이란 뜻도, 보여줘 흥행되면 투표의 흡인력 될수도, 투표를 탄환보다 무섭다 안 했던가, 정적 막기 위한 방탄유리, 아무나 그 앞에 서나

상징물도 돼서

방탄유리, 정적들의 총알 피하기 위한 방어기전 두고 왈가왈부
살해위협 알면서도 방관하면 그건 무기력 아니면 만용
방탄유리란 게 방어 · 지혜 · 현명의 상징물도 돼서

이중 효과물이네

살해위협의 대상, 아무나 될 수 있나, 적어도 영웅적 인물 돼야
제거 대상 될 수도, 제거의 가치 없으면 위협의 가치도 없어
방탄유리, 안전장치도 되고 흥행에도 도움 주고 이중 효과물이네

그래도 기운 것을

국힘, 방탄유리니, 영부인 TV토론이니 하는 지엽적인것 말고 발등의
불부터 꺼야, 필패의 원인제공은 그다음 문제, 내란 심판에 맡기고
당면인 지지층 확보에 죽을힘 다해야, 기운 것을

좋을수록 뒤로 물러서는

1분기 가계 빚 1930조로 역대 최고라데, 빚은 늘고
자영업은 망하고, 망가져도 이리 망가져서야, 그래도
대권주자들은 무지개만 띄워서, 좋을수록 뒤로 물러서는

대권주자들 귀에는?

고공농성 500일 맞는 한국옵티칼하이테크 박정혜 씨, '노동자가 땅을 디딜 수 있게' 현수막 눈에 띄던데, 땅에 설자리가 없다 함인가? 고공농성 다신 없게 해달란 뜻인가? 대권주자들 귀에는?

글쎄요?도

'결혼생각 있다' 남은 1년새 4% 증가, 여는 10% 가까이 늘어 결혼여건이 좋아진 건가? 살기는 덜 힘들어진 것 같던데, 허면? 어려운 여건 속에서도 사랑은 살아있단 뜻인가? 글쎄요?도

2025년 5월 22일

고착(固着)이야

윤석열, 영화 '부정선거' 관람 두고, 지탄·규탄 차원
부정 부정만 저지르다 보면 뭐 눈엔 뭐만 보인다고
부정 자만 봐도 뛰어들고 싶어 해서, 그게 고착(固着)이야

정신병

고착이 뭐냐고? 한가지에 필이 꽂히면 필에서 벗어나지
못하는 집착증이지, 증(症)이 뭐냐고? 정신외상이지
정신외상이 뭐냐고? 막말로 하면 정신병

명마 될 수도

국힘 서서히 전광훈 당으로 기울고 있다고 하던데, 그럴만한
증후도 충분할 듯, 망한 당을 흡수해서 어디다 쓸까?
쓸모 있고 없고는 길들이기 마련, 비렁말도 길들이면 명마 될 수도

왕 망했다

국힘 돌아가는 판 두고 '망가졌다' 했던데, 판이 망가지면
돌지 못하고 돌아도 한 소절만 되풀이하기 마련
무슨 소절 '망했다 망했어, 왕 망했다'

아직도 모르는 듯

윤석열 파면에 이어 국힘 탈당, 쥐죽은 듯 조심해야 할
처지에 자기 과시하고 싶어서 안달, 안달할수록
스스로를 망가지게 한다는 걸 아직도 모르는 듯

까까??

파면에 출당 차원의 탈당했으면 부끄러운 줄 알아야
헌데 그 반대, 되레 얼굴 내미는 걸 자랑스러워해서
지금도 대통령으로 착각하는 걸까? 내란수괴란 걸 모르는 걸까?

천인소지

허긴 막된 판에 체면이 뭐고, 자중이 뭐고, 자애가 뭐야
오기대로 살다가 오기 사기 되면 그걸로 그만
내게 오기 빼면 뭐가 남는데? 남는 것 있지, 천인소지

※ 천인소지(千人所指) : 천 사람의 지탄이란 뜻이니 수반하는
무병이사(無病而死) 암시하는 경구.

못한다는 점

국민이면 한마디씩 반성·사과엔 관심 없고, 환영·환호·박수에만
관심, 영화관 지지층 모아놓고 관심 사 충족했으니 행복
문제는 행복이 수반하는 불행 깨닫지 못한다는 점

절레절레 불러와서

국힘, 윤석열 영화관람 나들이 두고 '부적절', '대선에 악영향
국힘 대권후보 김문수 비호 발언 "좋은 것 아닌가"에
국힘 내에서도 고개 설레설레가 국민들 절레절레 불러와서

절망 같아서

작년 4분기 20대 일자리, 1년 만에 15만 개 급감, 소이로
경기침체, 관세파동 들었던데, 올해엔 더 악화될 거란 전망
전망이 아니라 절망 같아서

만사무석

윤석열 나들이 두고 '제발 다시 구속을' 오죽 꼴사나웠으면
그렇겠냐만, 기다려 보시게나, 내란죄 성립되면 복당살이
못 면할 터, 문제는 목소리가 수반하는 만사무석

※ 만사무석(萬死無惜) : 죄가 중해 만 번을 죽는다 해도 애석하게 여길
사람이 없다는 뜻

사과론 안 통하는 시대 됐어

국힘 비대위장 김용태 '김건희 대리사과' 했던데, 직접 사과 두고 대리 사과라니 김건희 아직도 국모격인 모양; 이준석 단일화; 한동훈 수용 등 다목적 사과이겠지만 이제는 사과론 안 통하는 시대 됐어

이런 추한 임명이었다니

국힘, 전국교사에 '교육특보임명' 문자, '동의 없이' 문자발송 사과
정치특보를 '동의도 없이' 그것도 전국교사에, 사과로 끝날 일
아닐 듯, 전국 교사들 '특보임명'의 영광이 이런 추한 임명이었다니

주먹 같아서

내란수괴가 '부정선거 다큐 보며 활개치는 나라' 했데
나라가 문제냐? 수괴가 문제냐? 영화가 문제냐? 영화 흥행으로
돈벌이 계산이 문제냐? 찍히는 의문부 ????가 주먹 같아서

자동연계

주먹이면 자동전달 깡패, 깡패면 패싸움, 패싸움이면
폭력, 폭력이면 맨주먹 아닌 칼·도끼·몽둥이로 자동 연계
정치깡패도 다르지 않아서, 도치부치(刀治斧治)로 자동연계

답일 듯싶어서

중앙지검 이창수 사표 물려 '김건희 부실수사' 감찰받게 해야
참으로 지당한 말씀 아니던가, 권력에 편승, 잘 해먹다
시절 불리해지자 사표라고? 누구 맘대로가 답일 듯싶어서

그 이후는 시작될 듯

'윤석열 이후를 묻는 시민에게' 했던데 글쎄요? 이후라고요? 윤석열 건도 아직 끝나지 않았는데 그 후라니요? 끝을 맺어야 그 후란 것도 있는 법, 윤석열 끝내야 그 이후는 시작될 듯

아니던가

'초록의 이름을 부를 때' 했길래 떠올려본 생각 '낙엽이 부를 때' 낙엽은 피리어드다, 종언이니까, 낙엽은 김구다, 죽음으로써 새로운 삶을 건져 올렸으니까, 낙엽은 떨어져야 불리우는 이름 아니던가

2025년 5월 23일

놓아줄지?

대선 여론조사, 보수결집으로 이재명 45%에 김문수 34%
이재명 1.9% ↓에 김문수 9.2% ↑, 이준석 상승세, 잘
올라가나 했더니 상승세 '부정선거'가 발목 잡고 놓아줄지?

울 수도 없어서

국힘, 최소 9000명에 '교육특보 임명' 했다 말썽 되자 취소
낯 뜨거운 일 누구나 다 하는 게 아냐, 낯에 철판 깔아야 하지
철판 얼굴 감정이 들어가 있지 않으니 웃을 수도 울 수도 없어서

속까지 검어서

국힘 이준석에 제안한 단일후보, 차기 당대표 조건 제시했다데
이 또한 얼굴에 철판 깔아야, 어찌해서 저지르느니 얼굴에 먹칠할
짓만, 허니 먹칠이나 철판이 검기는 매한가지, 헌데 속까지 검어서

우거지상 못 면할 듯

개혁신당 이준석, 국힘러브콜에도 끝까지완주하겠다, 첫판에 꺾이면 다음엔 또 꺾일 것으로 간주, 외면하기 마련, 그걸 피차 알면서도 오죽 급하면 구애하겠냐만 국힘 체면만 우거지상 못 면할 듯

메아리 없는 외침

영화 '부정선거'가 제기한 12개 음모론, 선관위 제기한 의혹 대부분 이미
해소됐다며 음모론 부추긴데 대해 유감표명, 그래도 부정선거에
필 꽂힌 이는 '부정선거'만 외쳐대서, 외쳐도 메아리가 없는 외침

그 이상일 듯

이창수 중앙지검장 명예퇴직금 2억여 원 못 받는다데
소이인즉 직권남용 및 권리행사 방해로 시민단체로부터
고발됐기 때문, 명예퇴직금도 그렇지만 체면은 그 이상일 듯

난파선 있을 듯

명태균·건진법사 게이트에 정치권 천파만파 요동칠 듯, 이러다
윤석열·김건희호 침몰이나 안 될지, 침몰되면 함께 탔던 선원들
온전할 리가, 산불·땅꺼짐, 바다는 안전한가 했더니 난파선 있을 듯

????

'인간다운 삶'은 과연 어떤 삶일까? 인간조건에 충실한 삶일까? 조건을 초극하고자 한 삶일까? 삶에의 저항일까? 인간다운 삶에 정의가 없으니 의문으로 남길 수밖에 ????

미각 밖

'5월 만감이 달콤하지만은 않은 까닭' 했던데, 꽃피고, 벌들 꿀 빨고 무위로야 달콤하죠, 헌데 인위론 더러운, 추악한 정치계절의 쓴맛이 5월의 맛이어서, 삶의 맛마저 양잿물 차원, 달콤함은 미각 밖

오래거든

'사회적 합의는 어떻게 가능한가' 했던데, 사회적 주어가
'대립', '갈등'인데 합의는 무슨 합의, 선문답으론 '합의'란
없어, 더불어 사는 '공생'이 '공멸'된 지 오래거든 '너 죽고 나 살자'로

꼴 돼서

김문수 교육특보 9000명 했던데, 9000표 얻으려다 그 배 잃지나
않을지, 꾀를 내도 살 꾀를 내야지, 죽을 꽤만 내놓으면
'너 죽고 나 살쟈' 정치판에 '나 죽고 너 살아' 꼴 돼서

비웃음이 딱이어서

'당권 거래 보수후보 단일화' 두고 '정치 희화화' 했던데 시쳇말로 '웃기고 있네', '놀고 있네' 쯤으로 풀이될 듯, 진실에 진실 더해도 못 믿는 세상에 '웃기고 놀고 있네'면 비웃음이 딱이어서

바람에 끌려가서

선거판 사꾸라 져버린 지가 언제인데 지금도 사꾸라 만발한
여의도가 벚꽃 동네인 줄 알았더니 이리 날고 저리 나는 철새판
철새들 때 지나면 사꾸라 낙화이듯 바람에 끌려가서

복당으로 향할 듯

내란비선 노상원, 계엄 '포고령', '비상입법문건' 작성자로 지목
이쯤되면 조직적 계엄 실체 드러난 셈, 외환이라고 없었겠나, 해도
내란수괴는 '아무일도 없었다'고 go로 밟고갈길 복당으로 향할듯

했으니

 '정치를 어찌 할 것인가' 했던데, 글쎄요? 법대로 해야지요 법에 충실하면 법 따져 법석(法釋) 법석할 일 없지요, 법대로 하는 것이 도치(道治) 덕치(德治), 헌데 도치(刀治) 부치[斧治]로만 했으니

우리 뜻대로

'주한미군 감축안이 미 국방부에서 연기 피워 올린 모양이던데 미국 뜻이 그렇다면 막을 길은 딱 하나, 중 쪽으로 시선 돌려 중 지렛대로 북과 소통하는 일, 그래도 미 뜻대로면 우리도 우리 뜻대로

될랑가

동맹·우방·혈맹, 쓸데없는 소리, 다 잇속 챙기기 위해
내세운 미명(美名), 미명 믿고 기다린 미명(微明)
새벽 열어줄 미명(未明)이라도 될랑가

2025년 5월 24일

차례도 없어

대권후보들, 국가·민족 위하여란 구호는 구두선, TV 토론장은 상대 헐뜯기, 상처주기, 물고늘어지기, 정치현실 그대로 드러내는 이전투구판, 역시 '너죽고 나살쟈'가 먼저, 애국·애민은 차례도 없어

꿈꾸고 있는 것 같아서

'아무 일도 없었다'며 계엄을 '계몽'이니 '경고용'이니 잠꼬대한
내란수괴, 한 꺼풀씩 벗겨져 진실 드러나는 내란 재판
중에도 꿈꼬대 잦은 걸 보면 꿈꾸고 있는 것 같아서

아무 일도 없었다

'부정선거', 법원에서도, 선관위에서도, 정치권에서도 그런 거
없었다에도 '부정선거'에만 필이 꽂혀 '부정선거 있었다'고
헌데 결론은 '아무 일도 없었다'

혼자만의 생각일까?

계엄에 실패한 죄로 대통령 직에서 파면된 자리 메우려고 대통령
새로뽑는데, 계엄 동조자들이 더 설치고, 더 치열하고 더 발악이어서
뭐가 거꾸로 돌아가고 있다는 느낌, 혼자만의 생각일까?

????

나라에선 파면, 당에선 출당차원의 탈당, 세상에 얼굴 못 내놓을것 같은데 나들이 보면 폼 재는 꼴이라니, 부끄러움이 없는 걸까? 모르는 걸까? 얼굴에 철판을 깐 걸까? 그 다일까?

양심이 없다던데

'인간만이 얼굴을 붉히는 동물'이라 했던데, 바꾸어 말하면 인간만이 부끄러움을 안다는 뜻, 헌데 얼굴 붉힐 줄 모르는 수치심을 모르는 사람도 있데, 수치심이 없는 사람에겐 양심이 없다던데

못 면하는 하치(下治)

수치심을 모든 도덕의 원천이라 했던가, 부끄러워할 줄 모르면 도덕 부재, 도덕 부재면 양심·선·정직 같은 정신덕목을 지니지 못했음이니 인간으로 치면 상것, 정치로 치면 못 면하는 하치(下治)

'파면'

가장 차원 높은 정치를 도치(道治), 덕치(德治)라 하고, 가장 낮은 정치를 도치(刀治), 부치(斧治)라 한다. 칼찬 호위무사 앞세우는 정치, 손에 도끼 든 정치가 그러하다. 그런 정치의 종말은 '파면'

그러하다

여자에빠지고, 술에젖고, 노름에미치고, 얻을때마다 잃은 사람 있다
'파면'의 문이 그러하다, 독선에 빠지고, 고집에 미치고, 오기에 빠져
얻지 못하고 잃은 사람도 있다. '파면'의 문이 그러하다

같을 듯싶어서

악처는 남편을 파멸시킨다
듣지는 못했어도 보고는 있는 것 같다
'파멸'이나 '파면'이 같을 듯싶어서

더러운 아첨꾼들

민중을 자기의 도구로 하기 위하여 민중에게 아첨하는 것이 선거의
요술사 사기사의일이라 했데, 한 표를 얻기위한 아첨, 인간은 아첨을
좋아하는 동물, 동물에의 충실이 승리의비결이라니 더러운 아첨꾼들

하나일 듯싶어서

 노안비슬(奴顔婢膝), 풀이하면 얼굴은 사내종같이 비굴하게 갖고 몸은 계집종과 같이 놀린다 함이니 알랑대는 더러운 태도를 두고 한 포박자(抱朴子)의 말, 대선 풍경보의 하나일 듯싶어서

너무나 다른

'너의 얼굴 너의 거동 너의 자태는/아름다운 풍경인 양 어여쁘구나/
맑은 하늘의 시원한 바람인 듯/웃음이 네 얼굴에 노닐고 있구나'※
비수를 감춘 비굴한 우리의 대선 풍경과는 너무나 다른

※ 보들레르의 시 「너무나 쾌활한 여인에게」의 절구.

그리해서

웃음 대신 살기, 어여쁨 대신 분노, 미풍 대신 겁풍 차원의
살벌한 선거판, '너 죽고 나 살자'판, 바람몰이
선거판 풍경이 그러해서

2025년 5월 25일

'너 죽고 나 살자' 판

  대선 판국, 꼴불견 몇 경(景), 하나 대권후보 중 꼬투리 하나만 잡아도 '너 죽고 나 살자'로 생사를 걸고 물고 늘어지기 또 하나 TV에 나온 패널들 자당에 유리하게 '너 죽고 나 살자' 판

구시상인부 되는 것을

대승적 차원의 정책경쟁 뒤로 하고, '나만 깨끗하다' 역설
헌데 역설(力說)이 '나도 더러워서' 역설(逆說)
못 면해서, 입이란 게 구시상인부 되는 것을

※ 구시상인부(口是傷人斧) : 입 잘못 놀려 말실수하면 그 말이 자기 자신을
찍는 도끼가 될 수 있다 함이니 말조심 주문.

주둥이 됐다데

요즘 정치권, 도진병 있데, 말씀이 → 말이 → 소리
소리가 헛소리 → 헛소리가 → 잠꼬대, 잠꼬대가 →
꿈꼬대, 입이 방정, 해서 하는 말 입이 주둥이 됐다데

거짓말 아니던가

대권 판에 '거짓말 물고 늘어지기가 유행 아닌
열병 차원이던데, 정치란 게 참말로만 하나
거짓말, 속임수·술수가 다 거짓말 아니던가

와 질려

정치판 떠드는 소리에도 질렸는데 뉴스 좀 귀동냥
하려 하면 와 질려 그놈의 광고, 광고(廣告)가
듣기에 따라선 광고(狂告)같아서 와 질려

돼서야

대선판, 지역에선 출신 내세우고, 어디서는 누구 내세우고
정책으로 승부해야지, 어디니, 누구니, 남의 불에 게 잡으려는
알팍한 꼼수, 그게 거짓말, 대선판이 거짓말 연습장 돼서야

? ?

거짓말이 나쁜 건 사실인데, 국민의 귀도 문제, 거짓말인 줄
알면서도 눈 뻔히 뜨고 거짓말에 당하거든, 거짓말도
잘하지만 거짓말 식별력도 마비됐는지? 길들여졌는지?

일으킬 판이어서

계엄 내란죄에 이어 외환제도 도마 위에 올리던데
늘 말하지만 도마엔 칼 있기 마련, 칼 있으면 피 흘리기
마련, 문제는 피 물들지 않고도 빈혈증 일으킬 판이어서

뽑아내야

달지유혈(撻之流血), 매를 맞아 피를 흘린다 함 아니던가
무슨 매, 국민의 회초리, 그런 아픔 없이는 더러운 피 못 걸러내
깨끗한 정치 수혈을 위해선 더러운 정치 피 뽑아내야

비굴이란 등식이 되기도

대선 표 구걸하기 위해 과거 인물에도 아첨하기, 지역감정에도
아첨하기, 표를 위해선 아첨이 최고의 수단이란 말도
수단에 잘 길들여진 계층이 정치권, 정치는 비굴이란 등식이 되기도

아닐지

대권후보, 국힘, 개혁신당 두고두고 단일화 끈질기게 제기
'너 죽고 나 살쟈'가 '너와 나 살쟈'로 바뀔 판, 헌데
정답은 '너 죽고 나 살쟈'여서, 역시 꿈꼬대 아닐지

글쎄요?

글쎄요? 개혁신당 이준석 이재명 이기기 위해 단일화에
동조한다? 대권의 꿈 접지 않고는 어렵지 않을지
일테면 대승차원? 글쎄요 소승차원도 어려운데 대승차원, 글쎄요?

정치여서 · 1

정직으로도 통하기 어려운 정책, 꼼수로 통할까?
아닌 줄 알면서도 꼼수 지속적 제기되고 있어서
이기기 위해선 못 할 것 없는 것이 정치여서

정치여서 · 2

정치의 정(政)자란 게 바를 정(正)자에 칠 복(攵)자를 곁들인 합자
바르게 향하지 않으면 매로 친다는 뜻 아니던가, 헌데 바르게
다스리지 못해 매 맞을 일만 사서 하는 것이 정치여서

정사(政事) 바로 못 해서

제몸 바르게하면 정사 베풂이 뭐 어려우며 제몸 바르게 하지 못하면 어찌 안민을 바르게 하랴(苟正其身矣 於從政乎何有 不能正其身 如正人何) 헌데 요즘 정치 제 몸가짐은커녕 정사 바로 못 해서

제대로 하겠는가

정치란 지배자와 민중 사이에 맺어진 단순한 계약이라 했던데
지배자란 정치꾼 거짓말쟁이, 민중은 정치 마약기 못 면한 마취상태
허니 제대로 된 계약인들 있겠으며 있단들 제대로 하겠는가

2025년 5월 26일

어디로 ???이 발자국으로 찍혀서

대선 중반 넘겨 막판으로 다가갈수록 정책대결보단
상대 헐뜯기로 '너 죽고 나 살자'에만 목매달아
자영업자 줄줄이 도산되는 민생은 어디로 ???이 발자국으로 찍혀서

꼴사납다

헐뜯기, 헐뜯어 홈집내기, 홈집내 상처주기 대선판 수단 방법 불문코 이기고 보자; 헌데 정책으로 이기기보다 상대 상처줘 피 흘리게 함으로써 이기고자 해서, 꼴사납다

잇대일 듯싶어서

'너 죽고 나 살자' 선거판에, 또 칼부림 난무까지
허긴 정치가 도치(刀治)였으니 백성들이 칼
외면하겠는가, 도치와 칼부림이 잇대일 듯싶어서

입맛 뭘로 닦아내?

내수침체로 커피숍, 음식점 등 줄도산이라데, 갈비 뜯고
이 쑤시고 시대는 지났나? 맛 잃은 정치식성 헹궈내기엔
한잔 커피가 약보다 나았는데 줄도산이면 입맛 뭘로 닦아내?

꼴불견

해외동포 한 표 행사하며 "불법계엄 마무리되길" 뜻 띄워 보내
객관적 시각은 이러한데 내국에선 서로 헐뜯기, 상처 내기, 물고
늘어지기에 정치 전매특허품 '너 죽고 나 살쟈만 외쳐서 꼴불견

답 없어서

투표용지 인쇄로 김문수·이준석 단일화 1차 시한 넘겨
그래도 김문수는 이준석 끌어안기 구애 작전에 이준석 '관심 없다'
척애(隻愛)치곤 동정심 유발보다 답답인데 답 없어서

헛소리 같기도

이재명 '통신비 세액공제 신설', 김문수 '소득공제액 300만원까지'
좋고요, 좋고말고요, 헌데 귀로 듣기만 좋으면 뭘하나요
'그다음 어떻게?' 돈은 빠져 있어 헛소리 같기도

꿈꼬대 즐기는

세계국가인권기구연합(GANHRI)이 '계엄으로 인한 인권
침해 대응' 질문에 '윤석열 전 대통령 방어권'으로 답변
인권위라고 다르겠나, 그 물에 그 고기인걸, 꿈꼬대 즐기는

빈곤층이 더 늘어났거든

한국보건사회연구원 보고서에 의하면 '아동행복지수' 10년 동안 높아졌지만 빈곤층 6.20점, 비빈곤층 7.19점으로 부모소득 따른 '행복격차'는 그대로라데, 그대로가 아닐 듯, 빈곤층이 더 늘어났거든

가로젓는 것일까

탄핵 이후 '새 정부가 직면할 재정 상황' 했던데, 단답 하나
'적자재정'이지요, 허면? '빚내야지요, 발등의 불은 꺼야 하니까
정답 같은데 왜 고개는 절레절레 가로젓는 것일까

빚밖에 방법이 없어서

왜 고개 절레절레냐고? 대선공약에 재원 조달방안 볼 수
없거든, 왜겠나? 빚내서 나라살림 한다면 표 찍어 주겠나
그게 두려운 게지, 헌데 별수 없어, 빚밖에 방법이 없어서

정답이네

열 오른 대선판 '혐오와 분열 키우는 네거티브 공방' 했던데
난무하는 비방전, 선거 끝나면 그 후유증은?
앓아야지가 정답이네

■ 시집 평설을 대신해서_諷詩調에 대한 사계의 견해

三行詩의 안팎

문덕수(전 예술원 회원)

1.

 박진환의 三行詩Ⅷ『諷詩調』를 읽고 느낀 바가 많지만 다 말할 수는 없을 것 같다. '諷時調'라고 하지 않고 '諷詩調'라고 한 것은 '시조(時調)'와는 다른 장르임을 말하는 것이 분명하고, '풍조시(諷調詩)'가 아니라 '풍시조(諷詩調)'라고 한 것은 이와 유사한 다른 장르명의 어순을 따를 필요가 없음을 암시한 것 같다. 어쨌든 '풍시조(諷詩調)'는 다른 누구의 것도 아닌, 바로 박진환의 장르다. 그가 풍시조의 시조요, 창업자다.
 '풍시조(諷詩調)'의 '풍(諷)'은 '풍자(諷刺, satire)'일까. '풍유(諷喩, allegory)'일까(諷諫, 기자(譏刺)라는 말도 있다). 풍(諷)은 '言十風(음)'으로 된 글자인데, 떨리는 소리로 낭독하는 것을 풍송(諷誦)이라고 하고, 바람이 나뭇가지나 이파리를 흔들듯이 사람의 마음을 움직이는 것을 '풍(諷)'이라고 한다. '풍자'는 후자에 해당한다. 그러나 이러니저러니 따질 필요는 없다. '시 작품' 자체가 시론이기 때문이다. '풍시조'의 정체는 박진환의 작품에 있다고 하겠다.

달콤한 오수 깨며 띠리링 울리는 벨소리 속 목소리
기막힌 부동산 정보 전해 드리려고요
너나 기막히세요, 난 귀 열고 매미소리나 벗하리니
— 「귀 열고」

  IT매체들(휴대전화 등)을 통해 부동산 중개업자(복덕방)의 이러한 극성스러운 메시지는 시민들이 역겹도록 경험하고 있는 현실이다. 시도 때도 없는 각종 정보 발신에 시민들이 무방비 속에 시달리는 것은 정보공해라고 할 수 있다. 이 시는 요즘의 이러한 부동산 시장의 상황과 정보공해가 전제되어 있고, 이러한 상황을 어느 정도 공유하고 있는 독자에게만 공감이 절실할 것이다. 풍자건 유머건 간에, 독자의 다양한 지적 교양이 전제된다는 점에서 지성적 활동이라고 할 수 있다 (박진환을 '주지시'의 계열의 중요시인으로 보는 것도 이 때문이다).

2.
  왜 3행시일까. 20행, 30행의 장시나 산문시면 안 되는가. 초·중·종장과 같은 3행이지만, 시조의 율조와는 관계가 없다. 종장 '3·5·4·4'와 같은 율조도 지킬 필요가 없다. 음보와도 관계없다. 시조의 3행과 같다는 말도 사실상 난센스다. 그럼에도 3행시로 한 뭔가의 이유가 있지 않을까. 앞에 든 「귀열고」에서 여러 가지 장치를 전지(剪枝)하고 3단논법의 뼈대만 추려 본다.

> 남을 괴롭히는 전화는 받기 싫다(대전제)
> 요즘의 부동산 정보전화도 사람만 괴롭힌다(소전제)
> 그러므로 내게 그런 전화하지 말라(결론)

이와 같은 논리소('화소'라는 말이 있지만 '논리소'라고 해둔다)로 환원시켜 놓고 보면, 「귀열고」는 3단논법의 시상 전개임을 어느 정도는 이해할 수 있다. 상황 제시(대전제, 제1행), 권유나 권고(소전제, 제2행), 거절(결론, 제3행)로 된 3단형이나 구문면에서는 문답형이다. 3단 논법이란 2개 이상의 전제를 제시하고, 거기서 결론을 도출하는 추론형식이다. 2개든 3개든 2행으로 전제를 제시하거나 열거하고, 논리 진행의 반전, 좌절, 총합 등으로 결론을 도출하게 되면 '3단형'이 되지 않을 수 없다. 또 구문상의 '문답형'으로 본다고 하더라도 물음과 답이 각각 1행씩 합해서 2행이 되고, 물음과 대답을 성립하기 위한 전제적 상황 제시가 1행을 차지하면, 이 또한 3행 형식을 취하게 된다.

> 돈 많은 세상에 돈 없이 배고파하는 꼴이나
> 물난리에 물이 없어 목말라 하는 꼴이나
> 사람 중에 사람 없어 정치공황 부황든 꼴이나
> ―「꼴이나 꼴이나」

「꼴이나 꼴이나」도 3단형이긴 하나 논리의 극적 국면(반전, 좌절 등)이 약한, 즉 편평(扁平)한 3단형이다. 더 정확하게 말하면 전제만 3행으로 열거되고 결론이 없는(결론은 독자의 몫으로 남겼다.) 일종의 '나열형'이다. 틀(뼈대)을 추려보면 "풍족 속의 굶주림은 꼴불견이다(제1행), 홍수 속의 갈증은 꼴불견이다(제2행), 인재 귀한 정치 공황은 꼴불견이다(제3행)"의 3단형인데, 대전제·소전제·결론 형이 아니라 단지 전제의 3행 나열에 지나지 않고, 이러한 나열을 총합한 결론은 독자에게 맡겨져 있다. 구문상으로는 '꼴이냐'가 각행의 끝말로 반복(세 번 반복)되는데 귀납형의 방식이라고 할 수 있다. 대전제를 먼저 제시하는 3단 논법형과는 다르다고 하겠다. 3단형이라고 하더라도 여러 가지 성질의 형식이 있으므로, 여기서는 변죽만 건드려본 정도로 그치겠다.

3.
다음엔 실제 작품을 조금 음미해 본다. 「귀열고」는 「夏夜」와 더불어 박진환의 풍시조 중에서 가장 재미있는 작품인 것 같다. 전형적인 작품이라고 해도 괜찮다.

'기막히다'의 활용형(기막힌, 기막히세요)은 문답의 '고리' 역할을 한다. 부동산중개업자와 시적 주체도 연결시켜준다. 그런데, 대답 부분(제3행)의 '기막히세요'라는 '고리'에는 '기막히다'(어떤 일이 하도 어이없거나 엄청나서 질릴 정도이다와 같은 부정적 성질의 의미와, 어떻다고 말할 수 없을 만큼 좋거나 정도가 높다와 같은 긍정적 성질의 의미가 공존한다)와 '귀(耳) 막히다' 등의 의미가 공재해 있고, '귀 막히다'는 뜻의 말은 짐짓 잘못 알아들은 것으로 되어 있다. 이 풍시조의 재미는 '기막히세요'라는 고리에 내재된 다채로운 뉘앙스의 삼중 겹침에 있는 것 같다. 여기에 "너나 기막히세요"라는 독백 형식의 대답에는 "너나 잘하세요"(영화 「친절한 금자씨」의 주인공이 한 말)도 연상되고, 더 지적으로 민감한 독자라면 "사또님 말씀이야 다 우습지"나 "사돈네 남의 말 한다"와 같은 속담도 연상하게 될 것이다. 또 2인칭 대명사 '너'와 높임말인 '기막히세요'는 존대법상 일치하지 않는다. 이러한 문법적 불일치도 미적·풍자적 효과에 한몫 더한다. 말하자면 독자의 지적 수준에 따라 그 웃음과 재미가 증감된다. 아마 이러한 시적 장치의 전부를 담아 뭉뚱그리기에 적합한 가장 간결한 형태가 3행시가 아닐까도 생각된다.

> F킬라를 뿌리듯 이발사가 내 머리에 스프레이를 분무한다
> 내 머리를 모기나 파리 대가리쯤으로 아는 모양이다
> 하긴 싹싹 손 비비고 남의 피나 핥았으니 그럴 법도 하지
> ― 「이발소」에서

전제가 되는 부분의 열거를 1행, 2행에 배당하고, 그 전제를 근거로 제3행에서 결론을 도출한 3단형이다. "이발사가 내 머리에 스프레이를 뿌린다(제1행), 나를 모기나 파리로 간주하는 것 같다(제2행), 아첨하고 착취했으니 이발사의 행위는 당연하다(제3행)"는 것이 이 풍조시의 뼈대다. 추린 논리소다. 그러나 이 논리 속에는 의도적 곡해(曲解)와 사회를 향한 우회적 공격이 숨어 있다. 논리 속에 숨은 이 장치의 이해가,

이 풍시조 수용의 전제가 된다.

특히, "싹싹 손 비비고 남의 피나 핥았으니"에서, 1인칭(모기나 파리의 1인칭)인 '나'의 비하(卑下)를 통해서 파리나 모기와 다를 바 없는 자신이 바로 사회의 무고한 사람들에 대한 침입자나 가해자였음을 폭로한다. 자기가 바로 풍자의 칼날에 희생되어야 할 대상이며, 자신의 비하가 공격과 비판을 위한 칼날 갈기의 전제라는 아이러니를 본다. 일종의 도회(韜晦)의 비늘이라고 할까. 새디즘과 매저키즘은 동전의 양면이라는 심리분석도 이 경우에 해당될지?.

> 夏! 정말 덥다, 夜! 시원하다
> 夏夜보다 더 신나고 시원한 것 없을까
> 없긴 왜 없어, 下野란 말 있잖아
> ―「夏夜」전문

「夏夜」는 문답형 중의 자문자답형이다. 독백형 자문자답이다. 두 개의 전제에서 의외의 결론을 끌어낸 3단 형태라고도 할 수 있다. 제1행의 대전제가 그다음의 소전제와 결론인 대답을 가능하게 해준다. 어쨌든 '夏夜'라는 펀(pun)과 더불어 박진환식 풍자와 해학의 가장 돋보이는 전형적인 시다. '夏夜'에 내포된 골계미와 풍자성을 분석해 보자.

'하야'라는 시니피앙에는 1)계절로서의 夏夜, 2)'하! 야'라는 반응의 감탄사, 3)하야(下野)라는 시니피에가 겹쳐 있다. 반복하면 시니피앙의 한 덩어리 속의 세 시니피에가 꼬리를 물고 꼬여 메비우스의 띠처럼 회오리친다. 특히 '하야(夏夜:下野)'라는 말이 지닌 풍자성이 시 전체(1행, 2행, 3행)에 삼투되어 방사(放射)한다. 웃음 속에 감추어진 칼날을 보는 것 같아 섬찟하다.

4.
끝으로 풍시조 1편과 외국의 우화 1편을 비교해 볼까 한다. 대상은 둘 다 '중동(中東)'이다.

> 열사의 불 먹고 사는 탓에 제 버릇 못 버려 즐기는 불장난
> 석유까지 불을 뿜어대니 연일 불바다지
> 얼음을 먹어야 식히는데 中東엔 仲冬이 없으니
> ─「仲冬이 없으니·1」

이것은 일종의 '편'이다. 「夏夜」에 비하면 편의 구조도 퍽 단순한 편이다. 페르시아만(아라비아만)의 해변에 '개구리' 한 마리가 햇볕을 쬐고 있는데, '전갈(scorpion)'이 와서 바다 건너 저쪽 언덕까지 등에 태워 건너달라고 부탁한다('전갈은 몸속 독낭에 못 모양의 독침이 들어 있는 동물이다).

"싫어. 넌 전갈 아냐. 날 찔러 죽이려고"
"바보 같은 소리" 내가 찌르면 너도 죽지만 나도 익사하지 않는가. 잠시 생각한 끝에 개구리가 말한다.
"그렇군. 그럼 내 등에 올라타"

전갈을 등에 태운 개구리가 아라비아 바다를 건너기 시작한
다. 바다 복판쯤에 왔을 때, 전갈은 갑자기 독침을 꺼내어 개
구리를 찔러 버렸다.
 "왜 이래?"
 전갈이 대답했다. "여긴 중동(中東)이야."

 유머지만, 이것은 '우화'의 형식을 취하고 있다(박진환도 '우
화' 쪽으로 발전할지도 모른다). '개구리'는 아라비아만으로 관
광 온 유럽인인지도 모른다. 그러나 이 조크에 등장하는 '전
갈'과 '개구리'의 본의(本義)가 각각 유럽과 중동 중에서 어느
쪽인가에 따라 작품 전체의 이야기가 달라지고, 공격의 대상
도 반대가 된다. 그러면 박진환의 풍시조의 공격 대상은 누구
인가. 중동만이라고 할 수 없다. 여기서 해학이건 풍자건 그
속에 감춘 예리한 '날'의 현동화(現動化)가 실은 얼마나 어렵
고 미묘한 것인가를 시사한다. 특히 「전갈과 개구리」의 경우,
그 균형(balance) 잡기의 어려움을 실감하게 된다.
 나는 오늘의 한국시의 지형도를 그려본 적이 있다. 1)전통
과 서정(전통적 서정시), 2)메시지와 관념(관념시, 생태시), 3)
이미지와 물리성(언어 이미지시), 4)탈관념의 실험(탈관념시),
5)주지적 처리(주지시) 등이 그것이다. 한국시의 동서남북이라
고도 할 수 있다. 우리 시단의 특색 있는 시의 중요한 작품들
은 일단 이 지형도로 배열, 배치할 수 있다. 우리 시의 현황
이다.
 나는 박진환의 최근작(3행의 풍시조)을 주목하면서 '주지시'

의 장르로 보았다. 지금도 나는 이러한 자리매김을 후회하지 않는다. 김춘수는 박진환의 풍시조에 대하여 『하여지향(何如之鄕)』을 쓴 송욱의 '전철'을 밟고 있다고 했지만, 나는 송욱과 '같은 계열'이라고 보지, '전철'이라고는 생각하지 않는다. '풍자의 노끈'으로 송욱과 박진환을 칭칭 묶어 버리는 것도 가능하나, '풍자'가 있는 '주지(主知)의 토포스' 속에 자리한 박진환의 거처가 지닌 의미의 진폭을 이해할 필요가 있을 것 같다. 풍자, 해학, 펀, 아이러니, 비꼼, 조롱 등은 '주지시'의 자원이긴 하나 이것만이 전부는 아니다. 이러한 주지시는 송욱, 김현승, 김광섭 등을 거쳐 김기림(金起林)의 장시 『기상도(氣象圖)』(1936)에 이른다는 사실을 이해한다면, 주지의 여러 가지 자원이 뭣인가를 짐작할 수 있다. 『기상도』가 지닌 주지적 풍부함의 목록을 일일이 확인할 필요가 없을까.

이야기를 많이 에둘렀다. 다시 「仲冬이 없으니·1」과 「전갈과 개구리」 이야기가 지닌 한 가지 토픽도 주지(主知)가 지닌 여러 가지 목록 중의 하나다. 지성은 억제와 조절에 바탕을 둔 '균형'을 강조한다. 형이상적 존재의 인식, 그 인식이 지닌 초월성의 자기화(自己化)에 의한 시선의 확보, 그 중의 풍자적 시선이 공격 대상을 선정하는 일에 도리없이 참여하는 '균형'은 특히 중요하다. 저울대의 무게와 추가 형평을 이룰 때 '풍자'는 더욱 빛날 것이다.

■ 시집 평설을 대신해서_諷詩調에 대한 사계의 견해

知的調律에 의한 시 意味의 密度와 結晶度
― 『諷詩調』의 창간에 부쳐

성찬경(전 예술원 회원)

문예지 『풍시조(諷詩調)』가 창간되었다. 때는 2008년 초여름이고, 앞으로 계간지로 계속 발간될 것이라는 예고다.

문예지라고 했지만, 문예지치고는 매우 특수한 성격을 지니는 문예지다. 우선에 소설은 배제된 시 전문지이지만, 넓은 범위의 시 일반을 싣는 것이 아니라 '풍시조(諷詩調)'란 새로운 시적 유형과 범주에 속하는 시만을 모아서 엮는 시지이니, 이를테면 시단 안에서도 특수 전문지의 성격을 갖는다. 흔히 취미 오락 등을 다룬 잡지에 낚시니 등산이니 바둑 등을 전문으로 다루는 잡지를 보게 되는데, 『諷詩調』는 시 안에서도 독특한 장르만을 대상으로 하는 일종의 전문 시지(詩誌)인 셈이며, 우리나라 시사(詩史)와 시단의 현황이 어언 여기에까지 이르렀는가 하는 감회를 갖게 된다.

여기에서 좀 더 차분히 『諷詩調』의 출현을 지금까지 키워 온 그 뿌리와 수맥을 살펴볼 필요가 있다. 말할 것도 없이 이

『諷詩調』의 근본이 되는 자양적 모태는 박진환 시인이 약 30년에 걸쳐서 전개해온 넓은 의미에서의 지성시(知性詩) 운동이다. 박진환 시인은 이러한 지성시의 구체적인 전개방법으로서 '형이상학시'의 기치(旗幟) 아래, 이른바 변용의 시를 추구해온 것은 세상이 다 아는 바다.

변용의 시도 실은 그 개념의 범주가 좁다 할 수는 없다. 더 구체적으로 말하면 시에서의 위트, 컨시트, 또는 펀과 같은 기법을 활용하여 시의 정서적 구조를 지적 구조로 바꾸고, 그럼으로써 시를 의미의 밀도에서 좀 더 경질(硬質)의 것이 되게 하려는 시적 추구를 말한다. 그리고 이것은 그 시적 추구에서 17세기 영국의 '형이상학파' 시인들의 추구와 그 맥이 통한다는 사실도 우리가 알고 있는 바와 같다.

여기에서 박진환 시인의 이러한 시적 추구가 우리 시의 현실적 상황과 어떠한 관계에 있는가 하는 점을 살필 필요가 있다. 현재의 우리 시는 한 마디로 지성이라는 영양소의 결핍 증세가 심한데, 또한 그것을 자각하고 있지도 못하다는 것이 나의 솔직한 판단이다.

시에서 지성이 하는 구실은 일종의 조화 감각이라 할 수 있다. 시가 너무 한쪽에 치우치는 것을 막아주는 감시의 역할을 하는 것이 바로 지성이다. 그래서 시에서 지적 요소가 부족하면 시가 한쪽으로 치우치는 것을 막지 못한다. 시에서 눈물이 너무 많아진다거나, 지나치게 격정에 사로잡힌다거나 정서의 내용이 너무 가냘퍼진다거나, 또는 지나치게 괴기해진다거나 하는 현상이 모두 지성적 작용의 결핍에서 오는 증후라 할 수 있다.

　문예지 『조선문학』을 중심으로 하는 한 무리의 문인들이 문학에서 지성적 구실을 강조하고, 줄기차게 우리 문단에서의 이러한 허점을 보완하고자 한 문학적 공헌에 대한 평가에서 우리는 몰인식과 소극성을 벗어나지 못하고 있는 것이 아닌가 하는 것이 역시 나의 생각이다.

　이번에 발간된 『諷詩調』는 박진환 시인이 벌여온 시운동의 더욱 정제된 결정과도 같은 것이며, 이것을 일종의 '문학적 발명'이라 해야 마땅할 것이라는 생각이 든다.

　어느 시대에 있어서나 문학의 새로운 양식은 그것이 하나의 새로운 발명임을 의미한다. 그리고 진정한 의미에서의 '발명'이라면, 얼핏 보아 아무리 하찮게 보이는 것일지라도, 거기에는 발명자의 많은 시간과 피땀과 노고가 스며있음을 잊어서는 안 된다. 시에 있어서도 마찬가지다. 시의 새로운 체질과 양식과 장르의 발명이 실은 시인들의 끊임없이 노력하고 추구하는 목표이기도 한 것이다.

　'諷詩調'의 출현 역시 결코 하루아침에 이루어진 우발적인 출현이 아님은 말할 것도 없다. 지금까지 박진환 시인이 시도해온 많은 '3행시'와 '諷詩調'가 그 싹이 되어 피어왔음은 물론이다.

　『풍시조(諷詩調)』가 갖는 새로운 체질적 특색을 간단히 살펴보겠다. '諷詩調'가 우리 고유의 전통적 시가의 형식인 '시조(時調)'와 체질적 연관성이 있음은 물론이다. 諷詩調의 구성이 3행으로 돼 있는 점이 초중종 3장으로 돼 있는 시조와 일치한다는 것에서도 이 일을 알 수 있다. 원래 시조의 초중종 3장도 시조보다 더 뿌리 깊다 할 수 있는 동양 고유의 한시(漢詩)의 기승전결에서 나온 것임을 우리는 짐작할 수 있다. 4행 1연을 기본 단위로 하는 기승전결은 사실 동서고금의 모든 시적 감흥의 기본 틀이기도 하다. 다만 시조의 경우 종장에 해당하는 3장에서는 '전(轉)'과 '결(決)'이 한 행에 압축됨으로써 4행의 경우보다도 더욱 극적 효과와 시의 긴장감을 높여주고 있다.

이와 같이 諷詩調는 시조와 일맥상통하면서도 예술적 감흥을 겨냥하는 데에서는 시조(時調)와 사뭇 다르다. 곧 시조의 시의 뜻을 한자의 때시 '時'에서 글시 '詩'로 바꿔놓은 데서 그 겨냥하는 바를 짐작할 수 있다. 시조(時調)가 그 주제를 시대적 풍습에 맞추려는데 두고 있다면, 諷詩調에서는 시류(時流)를 넘어서는 작품으로서의 시적(詩的) 가치를 높이려는 의도가 숨어 있으며, 이런 점에서 '諷詩調'는 이른바 순수시(純粹詩)와도 그 방향을 같이 하게 된다.

'시조(詩調)', 곧 시의 흐름에 또 '풍(諷)' 자가 결합되어 있으니, 이것은 또 어떤 의도를 품고 있는 것일까. 여기에서 '풍(諷)'자는 박진환 시인이 시지의 '창간사'에서도 밝히고 있는 바와 같이 시에 넓은 의미의 풍자성(諷刺性)을 담으려는 의도와 다를 바가 없으니, 이 풍(諷)의 개념에는 시에서 전개할 수 있는 지적 작업 일반의 여러 항목이 두루 포함돼 있으며, 위트, 아이러니, 새타이어, 시니시즘(비꼬움) 등 표현상의 역설적 기법이 종횡으로 등장하게 된다.

그리고 이러한 풍자는 그것이 일종의 지적 응징의 구실을 하게 되는 것이며 이와 같은 응징의 숨은 의도는 바른 사회, 꼴불견인 시류적인 속물(俗物)들이 사라지는 사회, 양식이 통하는 밝은 사회의 출현을 바라보는 것이니, 깊은 뜻에서는 이 풍자의 정신이 곧 인도주의적 염원과도 일치한다는 점을 간과해서는 안 될 것이다.
'諷詩調'의 보기로서, 박진환 시인이 전, 현직 대통령을 소재로 풍자한 시를 보려 한다.

> 노랗게 노랗게 노자로 시작해서
> 나리나리 개나리 리자로 끝나면 무슨 나리게
> 개나리, 노노노 무식하긴 노나리지
> ―「개나리」

> 이명박 대통령 임기 끝나 퇴임하는 날이 2012년 12월 26일
> 이날에 맞춰 돌아가는 시계가 이명박 시계란다
> 시작이 엊그젠데 퇴임 날 꼽아가며 돌아가는 시계가 있다니
> ―「이명박 퇴임시계」

편과 시니시즘과 새타이어가 2중 3중으로 얽히고 꼬인, 고도로 지적인 시적 작업임을 알 수 있다. 이보다 더 따끔한 응징적 일침이 또 있겠나.
계간지 『諷詩調』는 이제 막 창간되었기 때문도 있겠지만, 아직 동인지의 성격을 완전히 벗지 못한 느낌도 없지 않아

있다. 앞으로 이런 점도 차츰 보완이 되리라 믿어지며, 이 시지가 잘 성장하여 응분의 구실을 하게 될 것을 나는 축원의 시선으로 바라본다. 그렇다 하더라도 일관성 있는 '지성시'에의 헌신과 노고가 정당한 평가를 받게 되는 날이 우리 시사(詩史)에서 언제 찾아올 것인가.

■ 시집 평설을 대신해서_諷詩調에 대한 사계의 견해

諷詩調의 깃발과 風向
− 새로운 시 운동에 대하여

김용직(전 학술원 회원)

 극히 최근에 그 모습을 드러낸 諷詩調 운동에는 두 가지 정도의 전략이 내장되어 있는 듯 보인다. 그 하나가 독특한 형태양식 해석이며 다른 하나가 현실 상황을 향한 예각적 공격의식이다. 명백히 현대 서정시의 서부(西部)를 개척하려는 의욕으로 시도된 이 시운동은 그러나 그 형식을 3장 6구를 원형으로 한 단형시 제작을 바탕으로 하고 있다. 3장 6구의 단형시라면 우리 머리에는 곧 한국 전통시가 양식인 시조가 떠오른다. 시조는 국민문학파에 의한 개혁운동 이후 새로운 토대를 마련하게 되었다. 이때부터 시조는 고전시가의 인습적인 면을 벗어나 새 시대의 양식이 된 것이다. 諷詩調는 시조의 이런 틀을 이용하려는 듯 보인다.
 諷詩調는 그 의식성향으로 보아 상당히 공격적이며 호전적이기까지 하다. 그 도마 위에는 정치, 경제, 사회, 문화의 문제만이 아니라 개인의 윤리, 도덕적인 사건까지가 가차 없이 올라 난도질당한다. 그런데 많은 경우 諷詩調의 비판, 공격은 예술적 의장을 거치지 않은 가운데 이루어진다. 諷詩調에서 풍(諷)은 수사론에서 풍자를 뜻할 것이며 고전문학의 감각을 곁들이게 되면 풍간(諷諫)과 같은 맥락에서 해석될 말이다. 풍자와 풍간에 역겨운 현실, 아니꼬운 대상을 꼬집고 공격하는 단면이 내포되어 있는 것은 사실이다. 그러나 그런 경우의 비판, 공격은 진술의 형태로 이루어지는 것이 아니라 비유의 형태를 취하는 것이 바람직하다.

풍자문학에서 직접적 언술(言述)이 아니라 간접적인 기법이 이용되는 까닭은 단순하다. 많은 경우 시인이 아니꼽게 생각하는 대상은 한 시대와 사회에서 강한 힘을 가진 개인이거나 집단과 그 부수 형태인 제도나 규범들이다. 그들을 진술의 차원에서 공격하는 경우 작품들은 즉각 압수, 폐기되고 그 제작들은 연행, 구속될 위험에 노출된다. 시와 예술이 노려야 할 것은 이런 자살 특공대식 자기표출이 아니다. 이런 감각이 생산해 낸 전략의 결과가 풍자로 해석되어야 하는 것이다.

諷詩調가 3장 형식을 취한 것에 대해서도 이와 거의 같은 이야기가 가능하다. 諷詩調가 3행시의 형태를 이용한 것은 3행시기 한국 전통 시가를 대표하는 것으로 판단된 결과일 것이다. 새로운 시가운동이 국민문학의 자리에 오른 양식의 특성을 이용하는 것은 슬기로운 일이다. 그러나 이 경우에도 우리는 창작활동에서 기본교의 하나를 기억하고 있어야 한다. 모든 창작활동에서 형태는 묵수될 것이 아니라 새롭게 해석, 개척되어 나가야 한다. 국민문학파의 전례가 가리키는 바와 같이 3장 6구의 시조가 갖는 큰 틀은 긍정적으로 계승될 수 있다. 그러나 그 틀 속에 새로운 시로서의 호흡과 맥박은 끊임없이 재창조되어야 한다.

  우리는 모처럼 시도되는 諷詩諷 운동이 한국 현대시의 높은 산맥이 되고 푸른 강줄기를 이루어나가기를 희망한다. 이런 소망이 다소간 비판적인 생각을 토로하게 된 셈이다.

■ 시집 평설을 대신해서_諷詩調에 대한 사계의 견해

박진환의 3행 '諷詩調'에 대하여

최원규(충남대 명예교수)

 최근 지속적으로 왕성하게 발표해온 박진환의 삼행시초 '諷詩調'야말로 괄목할만한 한국적 단형시다. 더구나 시대적 상황이 사회적으로 굵직한 이슈를 던져주었던 전변의 정치적 관심이 우리 모두를 끌어들이는 시기와 맞물렸기 때문이기도 하다. 이미 정권 교체에 따른 권력의 갈등에서 겪은 일이지만 대선과정에서 마지막까지 문제가 되었던 BBK 사건, FTA, 숭례문 복원, 대운하 찬반, 광우병 등으로 인한 촛불 시위 범람이 쓰나미처럼 휩쓸고 지나갔으며 아직도 그 여진이 계속되고 있다.
 이렇게 불안한 계절에 시인은 이들의 갈등과 부조리를 외면하고 추상적인 언어를 기반으로 하는 사회적 연대감에서 벗어나 강 건너 불구경만이 순수의 미덕인가. 마땅히 지식인으로 가치판단이나 문화적 선악에 동참, 선도의 언어가 필요해진 것이 너무 당연하다. 하물며 시는 시인끼리 담을 쌓고 그 속에 안주해 있는 모습에서 벗어나 시민과 동참 동행하는 시민의식이 필요하다.

이미 우리 시의 역사 속에서도 한용운, 이육사, 윤동주 그들의 평가에서 볼 수 있듯이 그들의 시에서 우리의 의지와 나라를 걱정하는 애국시가 용솟음치기도 하였다. 그런 점에서 이 시대 박진환의 諷詩調야말로 우리 시단의 중요한 뇌관을 건드린 사건이라고 판단된다.

諷詩調는 삼행이라는 점에서 시조와 같으나 구조나 형태적 특질이 시조의 틀을 벗어났을 뿐만 아니라 어귀나 비유법의 방법을 시조와 달리한다. 한편 화제가 되고 있는 시대적 상황을 직접적인 논의와 평가를 요구하며, 아이러니, 패러독스, 유머로 수용한다. 요컨대 박진환의 '諷詩調'는 업투데이트한 시대적 사회시를 전제한다. 그러므로 그의 '諷詩調'는 작중 인물들의 선행이나 악행의 전제를 제시하며 마지막 행에 이르러서는 개선이나 선과 악의 가치판단의 동참을 요구한다.

박진환의 '諷詩調'는 악과 사의 교정을 위한 화해적 개선이라는 점에서 꼬집고, 비꼬고, 깎아내리고, 비아냥하고 비판, 고발, 폭로를 시의 바탕으로 삼되 마지막 의도는 '순수한 통징'을 감행함으로써 풍자시보다는 한 차원 높은 시적 장치를 갖추고 있다는 점에 주목한다.

박진환은 엄격하거나 거창한 테마를 희극적으로 처리하거나 재미와 멸시, 분노와 냉소의 태도를 환기시킴으로써 그것을 약화시키는 기법을 사용한다. '웃음을 무기로 사용하고 작품의 외부에 존재하는 과녁을 겨냥한다. 그 과녁은 개인적인 일일 수 있고, 어떤 계층이나 제도나 국가나 인류 전체에게까지 할 수 있다'라고 전제한다.

요컨대 화자가 단정하는 외견상 주장과 속으로 의도하고 있는 의미가 서로 다른 진술을 할 때 그 진술은 태도나 평가를 명백히 표현하지만 그것과 매우 다른 태도나 평가를 함축하고 있는 것을 포함하는 것이 아이러니의 기술이라고 보았을 때 박진환의 '순수한 통징'을 암시한다. 발음이 같고 흡사하지만 의미는 전혀 다른 같은 소리에 다른 의미를 갖는 말들은 때로 읽는 이에게 가치판단의 격정적인 한편으로 기울게 하기보다 그것을 유보하며 역지사지(易地思之)의 공평성을 유발시키고 화해성을 유도한다.

박진환은 시적인 재담(equivoque)도 있고 때로 언어유희(pun)도 있지만, 그것들은 읽는 이로 하여금 간담이 서늘해지는 경지까지 유발한다. 때로는 '삶 속의 죽음'이나 '쾌락의 고통', '사랑의 증오'들처럼 메타피지컬포에트(Metaphysical poets)들이 사용한 흔적에 영향되었다고 할 수 있으나 박진환의 경우 경고성의 환기에 더 치중함을 볼 수 있다.

마침내 풍(諷), 시(詩), 조(調) 각개의 문자 의미의 내부를 탐색할 때 모두 언(言) 말씀이 들어있다. 말씀[言]은 글[文]과 구별된다. 글은 논리와 절제를 요구하지만 말[言]은 흘러가는 물과 같이 지형이나 지세에 따라 형태가 변하며 응집한다. 그러므로 흐름의 방향은 같지만 물줄기는 즉흥적이며 당대의 상황에 따라 전변한다.

말씀[言]은 바람[風]과 절[寺]과 두루할 주(周)를 더하여 동서남북, 종횡무진, 당대를 섭렵한다. 그리하여 박진환의 '諷詩調'는 마침내 세상사의 이야깃거리의 중심부에서 주제할 수 있는 정세의 총화와 전환을 암시한다.

박진환의 諷詩調가 꼭 3행이어야 하는가의 문제에 대하여 신중히 생각해야 한다. 다만 어느 민족이고 그 민족의 정서적 흡인력에 의하여 자연 발생적으로 생겨난 정형적 틀이 있어 왔다. 가령 당시(唐詩)의 4언 또는 7언 절시나 영시의 4행시(quatrain), 이행연귀(couplet), 14행시(sonnet) 모두 각운 구조로 결합된 강약음보격의 시행으로 되어 단일시귀(stanja)의 서정시인데 우리의 고유 문학형태의 시형(시조)들이 3장 6귀의 원칙을 고수한 것은 민족적인 고유성과 기풍(Ethos)에 의한 것이라고 믿는다. 다만 박진환의 경우 꼭 우리의 시조를 의식한 3행시는 아니지만(사실 시조와는 그 정형시로 의미구조의 잣대에 맞지 않음) 정형시로서 규율에 맞는 것이 아닌 자유시로서의 의미를 더욱 확대한다.

외형상 3행시로 처리한 것은 압축과 긴장미의 효과를 살리며 음수율에서 체험할 수 없는 탄력을 보여준다.

그리하여 3행시는 우리에게 낯익고 우리 말의 생태적 관습의 순리에 수용된다. 또한 시의 자연스런 형태의 공감이 일반화되었기에 박진환 삼행시가 우리 시단의 충격파를 더해 간다고 생각된다. 그의 3행 諷詩調의 창출은 우리 시문학사의 새로운 원형을 배가시킨 원동력이 될 것이며, 한편 시적 표현 미학에서 잡다한 외래적 수용의 난맥상을 제압하는 데 주요한 길잡이가 될 것이다.

박진환의 3행 '諷詩調'는 시조(時調)와 동자이의어(同字異義語)로 우리에게 새로운 정형성의 모델을 제시한다. 그러므로 우리 현대시가 지닌 무모한 율격이나 시적 주제의 미숙성 또는 혼미성을 극복하는 데 따른 주제시로서 확실한 언덕이 형성된 셈이다.

■ 시집 평설을 대신해서_諷詩調에 대한 사계의 견해

풍시조 읽기

문효치(전 문협 이사장)

 박진환 시인의 諷詩調를 읽었다. 풍시조(諷詩調)라는 낯선 이름에 대하여 저자는 풍자시를 줄여 풍시라 하고 거기에 무슨무슨 투나 태도의 뜻으로 조(弔.調)를 붙였노라고 설명하고 있다. 그러니 諷詩調의 본질은 풍자시일 듯하다.
 우선 재미있다. 식상한 이미지들의 나열이나 아니면 거의 산문화 되어버린 요즘의 시들에 입맛을 잃었는데 이 諷詩調는 매우 신선한 재미를 느끼게 해 준다.
 세상은 부조리와 불합리와 부정 불의 등으로 가득 차 있다. 이러한 세태가 우리를 짜증나게 하고 화나게도 한다. 살맛을 잃게 한다. 정말 살맛을 잃게 하는 재미없는 제재를 박진환 시인은 재미있는 시로 만들고 있다.

 핵, 우리도 그깐거있어 펑펑터지는 국제특허품 不字標 핵 있어
  불평등·불공평·부조리·부정부패·부동산 투기까지

> 건들면 폭발하는 순 국산 不字標 핵 있다고, 까불고 있어
> ―「까불고 있어」 전문

　불평등 불공평 부조리 부정부패 부동산 투기 등 우리사회에 만연한 부정적 요소들, 이것들은 가히 우리 사회를 파괴시킬 만한 위력을 가지고 있다. 정말 심각한 문제다. 이런 사항들을 '不字標핵'으로 둘러댄 그 재치가 재미있다. 그래서 이 시를 보면 일단 웃음이 난다, 진짜 핵을 '그깐거'라고 대수롭지 않은 존재로 봄으로써 '不字標 핵의 위험성을 한껏 고조시켜 놓았다. 내용은 매우 심각한 문제성을 가지고 있지만 표현된 말들은 우리를 재미있게 해 준다.

　'까불고 있어'라는 끝절은 상대방(진짜 핵을 가진 자)에게 눈을 흘기며 짐짓 어깨를 으쓱거리는 모습을 떠올리게 해 준다. 다소 장난기가 보이는 모습을 연상하면서 시인의 재치를 다시 한번 실감케 해 준다.

　이러한 부조리 불합리한 사태를 능란한 솜씨로 비꼬고 농락함으로써 독자들은 후련한 카타르시스를 느낀다. 내가 미처 하지 못한 앙갚음을 대신 갚아 주는 것 같기도 하고 어쩌면 내 심정을 잘 알아주는 것 같기도 하다.

　이 책은 멸시 분노 증오의 정서를, 비꼼 냉소 조소 조롱 역설 등의 언사로 가득 채워 놓았다. 그러나 궁극으로는 교정·교훈의 의지가 숨겨져 있다.

> 뭐라구라우, 사람 낳고 돈 낳제 돈 낳고 사람 낳다구라우

> 허허 이 양반 순 구식이네
> 신식으론 돈 낳고 사람 낳제, 사람 낳고 돈 낳고가 아니여
> ―「뭐라구라우」 전문

 돈 낳고 사람 낳은 것은 불변의 진리이다. 그러나 신식으로는 돈 낳고 사람 낳았다고 큰소리친다. 그러나 이것은 역설이다. 화자가 진짜로 하고 싶은 말은 이른바 구식인 '사람 낳고 돈 낳다'는 말이다. 이것이 뒤집힌 세상, 전도된 가치에 대해서 일갈하고 꼬집은 것이다. 그리고 그에 대한 반성과 교정을 꿈꾸고 있는 것이다.
 삼행으로 압축한 단아한 모습의 시형에도 주목하고 싶다. 말 그대로 촌철살인의 짤막한 말이 감동을 준다. 요즈음 장황한 수다를 늘어놓는 시들이 범람하면서 이렇게 간결한 시들이 그리워진다.

> 나라님 물러나면 낙향하여 통나무집 짓고 시나 쓰며 살겠단 말
> 아무래도 허사같다. 시는 말을 아끼고 줄이는 언어경영인 것을
> 저리 말이 헤퍼서야 어찌 말의 진수에 닿을 수 있을지
> ―「아무래도 허사 같다」 전문

 듣기 좋은 수다로 대중들을 현혹하며 실천보다는 말을 앞세우는 정치인을 비꼬며 질타하고 있지만 한 편 짤막한 시론을 엿볼 수 있는 시다. 그렇다. 시는 '말을 아끼고 줄이는 언어경영'인 것이어서 '말이 헤퍼서'는 안 될 일이다.

삼행은 우리의 눈에 익숙하다. 어려서부터 시조를 읽고 배워왔기 때문이다. 물론 시조의 형식에 맞춰 음수율을 조절한 것은 아니지만 그 속에 기승전결의 구조를 가진 것들이 많은 것도 이해하기 쉬운 대목이다.

지금이 바로 이러한 시들이 필요한 시대인 것 같다. 잡지마다 넘쳐나고 있는 산문조 요설이 시성(詩性)을 잠식하고 있고, 그리고 비꼬고 조롱하고 비난하고 질타해야 될 일들이 많은 세상일수록 그러한 세태를 지적하고 경계하며 교정해야 하기 때문이다. 시가 궁극적으로는 인간을 위하고 옹호하는 것이라면 시가 이러한 일에도 적극 관심을 가져야 할 것으로 생각한다.

■ 시집 평설을 대신해서_諷詩調에 대한 사계의 견해

諷詩調에 나타난 형이상시의 수사법

최규철(시인·문학평론가)

들어가는 말

어느 사회학자는 '농경사회의 삶이 시간 잉여(時間剩餘)의 시대였다면 오늘날과 같은 정보화 사회는 시간 기근(饑饉)의 시대라' 했다. 그것은 그 정도로 오늘의 시대가 시간에 쫓기며 살아가는 고속화 시대를 맞이하고 있다는 것이다. 따라서 이러한 고속화 사회에 사는 현대인들의 문학작품에 대한 선호도 역시 장편소설보다는 단편소설을, 장시보다는 단시를 더 선호하는 경향이 있다. 특히 시에 있어서 현대인들의 구미에 맞는 시는 짧으면서도 그 속에 다분한 내용을 함축함으로써 큰 감동을 주는 시라 하겠다. 이런 시대적 요구에 부응하는 시가 바로 박진환 시인이 착안하고 시운동을 전개하고 있는 諷詩調이다.

諷詩調의 기법은 형이상시의 레토릭(rhetoric)과 흡사한 면이 많다. 컨시트의 기발한 지적 놀라움, 서로 상반된 양극화의 결합과 그 조화, 역설과 반어(反語), 시의 순수한 통징을 통한 내적 울분의 해소와 사회 구조악(構造惡)의 개선 등이 바로 그것이다.

특히 3행시의 짧은 글 속에 함축된 내용과 그 여운을 담기 위해서는 압축적이고 생략적인 구문이 필요하다. 따라서 각 행의 전환 및 반전이 빠르게 전개되는 특색이 있다. 이것은 양극화의 긴장이 팽팽할수록 행과 행의 전환속도가 빠르고 생략과 압축의 미학이 더욱 살아난다.

필자는 그동안 지면을 통해서 3. 4회에 걸쳐 언급해온 諷詩調 시학에 대한 이론을 총괄하고 종합하여 주로 諷詩調의 형이상시적 유사성과 레토릭(rhetoric) 기법의 측면에서 접근해 보고자 한다.

1. 諷詩調의 순수한 통징

諷詩調는 일종의 풍자시의 성격을 띤 시라 하겠다. 풍자시의 사전적인 정의는 부정부패와 비리 현상과 모순 등을 다른 사물에 비유하여 폭로와 공격 일변도의 시를 말한다. 즉 풍자시라고 하는 한자가 풍자할 풍(諷) 찌를 자(刺)로 명시한 바와 같이 모든 죄악상을 어떤 사물로 빗대어 찔러 고통을 가하게 하는 일종의 보복성을 뜻하는 성격을 내포하고 있는 시가 대부분이다. 그러나 諷詩調에서 말하는 순수한 통징의 주된 목적은 諷詩調를 통해서 죄의 아픔을 느끼게 할 뿐만 아니라,

뉘우치고 돌이켜 새롭게 변화하게 하는 데 주력하는 시의 기능을 말한다. 다시 말하자면 죄의 부패성에 대해서 단순히 찌르고 고통을 가하게 하는 데 그치는 것이 아니라 메스를 가하고 수술을 함으로써 병을 낫게 하는 데 그 목적이 있음을 말한다.

그러나 여기서 주의 깊게 보아야 할 것은 수술을 가하되 고통을 없애게 하기 위해 마취제를 동시에 투여하는 방법을 취하고 있다는 사실이다. 즉 유머를 통해서 웃음을 주고 즐거움을 줌으로써 그 고언을 달게 받아들이고 소화시킬 수 있는 기능을 지녔다는 것이다. 諷詩調의 통징이야말로 우리의 뇌에서 일종의 모르핀이나 엔도르핀과 같은 호르몬을 분비하게 함으로써 무통수술을 하게 하고 오히려 미묘한 시적 희열을 주게 하는 절묘한 수술비법을 의미하고 있다. 諷詩調의 작가들은 이런 諷詩調의 순수한 통징의 특성을 숙지하고 이러한 순수한 통징의 기능을 살리는 데 노력해야 할 것이다. 諷詩調에서 이러한 순수한 통징이 살아있지 못한다면 그것은 諷詩調로서의 시적 역할을 다한 시라 볼 수가 없다. 諷詩調의 생명이 바로 여기에 있다 할 수 있기 때문이다.

참으로 諷詩調의 순수한 통징이야말로 오늘과 같은 종말론적인 징조를 토로하고 인류의 구원을 갈구하게 하는 시대적 사명의 성격을 띤 시라 하겠다. 현대사회는 갈수록 첨예한 양극화 조성으로 인한 양자구도의 대립상이 심화되고 있다. 오늘날 정치 경제 사회 문화 전반에 걸친 인류사회의 갈등과 분쟁이 바로 이런 극단적인 양극화 현상에서 오는 결과라 하겠다. 그렇다면 현대시가 어느 때까지 이를 외면하고 오히려 음풍농월(吟風弄月)만을 일삼아야 하겠는가. 시가 인생문제로 깊이 들어가서 이런 양극화 문제를 해소하고 하나로 융합하는 화해와 일치의 시학으로 발전해가야 할 것이 아닌가. 그러한 의미에서 諷詩調 운동의 필연성이 강조된다.

더욱이 환경오염으로 인한 생태계의 훼손과 대기오염으로 인한 오존층의 파괴, 그리고 지구 온난화에서 발생하는 엘니뇨현상 등으로 인류의 생존 문제에 심각한 적신호가 켜있다. 이런 각박한 상황에서 탈출하기 위한 녹색시학 운동의 전면에 諷詩調가 자리하고 있음을 알 수 있다.

시인은 예언자적인 예리한 눈을 자지고 미래사회의 변화를 직시하면서 오늘의 잘못된 과오를 지적 감동을 통해서 깨닫게 하는 순수한 통징에 무한한 관심을 쏟아야 한다.

> 세상이 왜 이러나 유행병처럼 자살·자살·자살
> 마음 한 번 고쳐먹으면 살자·살자·살자가 되는데
> 뭐 그리 좋은 거라고 일편단심 자살이람
> — 박진환의 「뭐 그리 좋은 거라고」

한국인의 자살률이 OECD 30개 회원국 가운데 1위를 기록하는 불명예를 안고 있다. 연예계의 인기 스타들과 대기업의 총수들이 잇따라 자살을 하고 심지어 전직 대통령까지도 스스로 목숨을 끊음으로써 사회적 충격이 크다.

박진환 시인의 諷詩調「뭐 그리 좋은 거라고」는 1행의 자살·자살·자살이라고 하는 부정적인 죽음의 개념과, 2행의 '살자·살자·살자'라고 하는 긍정적인 생명의 개념을 양극구도로 서로 거꾸로 뒤집어 대치해 놓음으로써 기발한 위트와 유머를 돋보이게 한다. 이러한 諷詩調의 기능이야말로 격한 자살충동을 완화시켜 줄 뿐 아니라 생에 대한 강력한 의욕까지도 유발하게 하는 시적 감동을 가능케 한다. 여기서 諷詩調의 풍자 속에 담고 있는 간절한 회심에의 바람이 '마음 한번 고쳐먹으면'이란 말로 표현되고 있다. 이것이 바로 諷詩調가 지닌 순수한 통징의 힘이다.

>피를 빨아 먹는 모기 잡는데 의견이 분분하다
>정치가 어떻고 법이 어떻고 대통령이 어떻고
>입으로 모기 잡나? F킬라를 뿌려야지
>— 박진환의「입으로 모기 잡나」

이 시는 그 제목부터가 웃음을 터트리게 하는 유머가 있어 마음을 끈다. 이 시 속에 감추어 있는 암시성과 시사성(示唆性)이 모기와 F킬라라고 하는 기발한 메타포를 통해서 큰 감동을 준다. 정계와 법조계의 부패상을 바로잡는, 즉 '피를 빨아 먹는 모기를 잡는데'에는 입으로 하는 설왕설래(說往說來)로써는 근절될 수 없다는 것이다. 특히 수사법 중에서 변화법의 하나인 '입으로 모기잡나?'라고 하는 설의법으로써 F킬라라고 하는 정답을 독자에게 물어 찾아내게 하는 레토릭으로써 스스로 개혁의지를 촉발하게 하는 순수한 통징이 돋보인다. 찌르고 자르고 쪼게는 메스질이 가해짐에도 불구하고 뇌에서 분비되는 모르핀을 통해서 즐거운 마음으로 웃고 수긍이 가능케 하는 회심과 변혁의 비법이 있다.

2. 諷詩調가 갖는 컨시트의 특색

형이상시의 컨시트(奇想, conceit)는 형이상시의 특징 중에서 가장 중요한 특징의 하나라 할 수 있다. 외견상 전혀 유사성이 없거나 상반되고 양극화된 사물이나 상황들을 재치 있고 기발한 방법으로 결합하여 소위 사무엘 존슨(Samuel Johnson)이 언급한 '부조화의 조화'를 이루게 하는 비유적인 수사법을 말한다.

그러나 諷詩調에서 보여주는 컨시트의 특색은 형이상시에서 말하는 그것과는 사뭇 다른 양태의 컨시트를 볼 수 있다. 3행시 구문의 생략적인 특성 때문에 행과 행, 낱말과 낱말, 심지어는 문자와 문자로부터 서로 상반된 사물이나 개념의 명칭과 발음 등을 찾아내고 거기서 특별한 의미성을 유추하여 또 다른 의미를 창출해내는 언어유희적인 기발한 컨시트를 선보이고 있다. 이런 관점에서 볼 때 諷詩調의 컨시트는 단순히 두 가지 사물이나 개념을 교묘하게 결합하여 뜻밖의 유사성을 찾는 기존의 형이상시의 컨시트와는 다른 특성을 지니고 있다고 하겠다.

대통령 국정평가 잘했다가 44.2%, 못했다가 41.1%
막상막하, 정치란 게 그래
上 뒤집으면 下 되고, 下 뒤집으면 上 되거든
— 박진환의「物神時代 · 216」

　국민이면 누구나 알게 모르게 다 정치에 젖어 살면서 나름대로의 정치철학, 내지 생활철학을 가지고 있다. 그래서 3행에서 '정치란게 그래'라 토로한다. 이런 지적 깨달음을 풍자적으로 소화시켜 표현하기란 그리 쉬운 일은 아니다. 이런 이유 때문에 민감한 사안을 받아들여 유머로 웃어넘길 수 있고, 감동 받아 깨달음을 갖게 하는 諷詩調의 기법에 주목할 수밖에 없다. 그래서 諷詩調가 지적이며 문화적인 통징을 가져오게 하는 첩경이라 여겨진다.

　이 시에서 놀라운 기지의 발산은 2~3행에 있다.'막상막하, 정치란게 그래 / 上 뒤집으면 下 되고, 下 뒤집으면 上 되거든'에서 '막상막하(莫上莫下)'의 上과 下의 문자를 세웠다 뒤집었다 하면서 요동치는 정치판의 불안정성을 꼬집는, 재기(才氣)가 번뜩이는 컨시트를 선보이고 있다. 여기서 다만 上·下라고 하는 양극성의 문자를 가지고 세웠다 뒤집었다 하면서 엉뚱하게 결합한 결론이 「정치란게 그래」로 귀결한다. 이렇게 諷詩調의 컨시트는 동떨어진 개념이나 이미지를 결합하는 데 그치는 것이 아니라, 서로 상반된 단순한 두 개의 문자로써 새로운 제3의 개념을 형성하게 한다. 이런 관점에서

諷詩調의 컨시트는 보다 다양하고 발전된 성격의 것이라 볼 수 있다.

> 박지성·박주영의 꼴은 오 코리아
> OECD국 중 환경평가 맨 꼴찌의 꼴은 어이쿠 코리아
> 둘 다 꼴은 꼴이다마는 뒤에 꼴은 노꼴만도 못해서
> ― 박진환의「物神時代·191」

지금 지구촌은 환경오염으로 인해서 점차로 죽어가고 있는 실정인데 우리나라가 OECD국 중에서 환경평가 최하위라 한다. 이 시에서는 이런 실정을 풍자적으로 꼬집고 있는데, 1~2행에서는 축구의 '꼴인'과 환경평가의 '꼴찌'란 서로 유사성이 없는 언어들을 관련 지위 '오 코리아'와 '아이쿠 코리아'라는 서로 반대되는 개념의 언어로 대비시켰고, 3행에서는 꼴찌의 '꼴'을 '노꼴'이라는 상충·상반되는 개념과 연관시킴으로써 '둘다 꼴은 꼴이다마는 뒤엣 꼴은 노꼴만도 못해서'라는 순발력 있는 기지(wit)를 보여준다. 동시에 더 나가서는 축구의 '꼴'과 환경평가 꼴찌라는 '꼴'의 두 글자들을 교모하게 결합한 諷詩調의 컨시드의 진수를 보여주고 있다.

3. 諷詩調의 양극화 기법

또 한 가지 諷詩調에서 가장 두드러지게 나타나는 특징 중의 하나가 양극화 현상이다. 그러기 때문에 諷詩調의 컨시트

는 동떨어지고 상반된 가장 먼 거리의 양극성을 폭력적으로 결합하는 과정이나 패러독스와 아이러니의 양면성에서 오는 강한 텐션이 諷詩調로 하여금 그만큼 응축된 의미의 비유가 되게 한다.

> 걸핏하면 여・야 율사들 발목잡느니, 발목잡히느니 해쌌는디
> 뿌리치고 혼자만 가려고 하니 그러지, 동행해봐, 왜 발목잡나
> 잡혀 부러지면 목발신세 못면해, 발목 거꾸로 해봐 목발이지
> — 박진환의 「발목 거꾸로 하면 목발이지」의 전문

분쟁과 불화의 결과가 발목이 목발로 바뀌는 기발한 발상, 곧 생명체를 비생명체로 둔갑시키는 대담한 컨시트의 수사법이 놀라움을 준다. 그 외에도 여・야 율사들, 발목잡느니 발목잡히느니, 발목과 목발 등의 양극화가 이 諷詩調 전면에서 팽팽한 긴장을 조성시켜주고 있다, 거기다가 본래 여・야가 대치하는 정치구도, 그것만으로도 양극의 역학관계를 유지하는 긴장상태인데 여기에 분쟁과 충돌이 생기면 발목이 목발이 되는 더욱더 팽팽한 긴장관계를 촉발한다. 그래서 이 諷詩調는 웃기면서도 여・야가 정치적 협력관계를 잘 유지해야만 나라가 산다는 통징적인 메시지도 담고 있는 시이다.

> 악법・약법, 청문회, FTA로 여・야 붙어도 한판 크게 붙겠다
> 탓하지 말 것이 싸워야 국회답지 잠잠하면 그게 더 두려워
> 마찬가지야, 아이들도 싸움질하면서 크지 않던가

— 박진환의 「아이들도 싸우면서 커」

 이 諷詩調는 빈번히 일어나는 국회의원들의 성숙하지 못한 의결과정에서의 난투극을 한 마디로 꼬집은 시이다. 아이들이 싸우면서 커가듯이 국회의원들도 싸우면서 커가야만 하는가 하는 시인의 통탄이 곁들어있는 시이다. 가장 성숙해야 할 국회의원들과 가장 성숙하지 못한 나이인 어린이들의 양극현상을 동류부류로 간주하여 이질성 속의 유사성을 찾는 시인의 기지가 번쩍인다. 여기에는 양극간의 이질성이 유사성으로 바뀌는 과정에서 서로 잡아당기는 강력한 텐션도 드러나 있다. 「싸워야 국회답지」에서는 국회가 싸움판이 되어서야 되겠는가 하는 아이러니의 성격을 띤 레토릭도 있고 국회가 변화되기를 촉구하고 갈망하는 통징도 들어있다.

4. 諷詩調의 구조와 그 전환속도

 형이상시에서와 마찬가지로 諷詩調에서도 생략된 구문을 씀으로써 의미의 탄력과 밀도를 더하게 하고, 또한 집약적 표현으로써 시의 단축을 꾀하는 기법을 강조한다. 그 결과 시 전개과정에서 그 전환 속도가 빨라지기 마련이다. 그래서 시의 구조가 3행시로 되어 있고 따라서 행의 길이가 짧으면 짧을수록 생략적 효과가 살아나서 함축성이 있는 시가 된다.

 諷詩調는 평시조(平時調)와 같은 초장 중장 종장의 3행 형식의 구조이면서도 3장 6구 12음보의 정형시에 매이지 않은 자유시요, 동시에 평시조보다 더 빠르고 생동감이 있는 기승전결(起承轉結)의 전개가 있다. 따라서 諷詩調의 함축성과 텐션을 살리기 위해서는 될 수 있는 대로 행의 자수(字數)를 줄이고 생략하는 것이 좋다.

> 침묵이 金이라고? 순 구식
> 요즘 세상에선 말 잘해야 출세해
> 신식으론 침묵은 禁이야
> ― 박진환의 「침묵은 禁이야」

1행의 金이 3행에서는 禁으로 바뀐다. 1행에서 침묵은 金이란 말은 구식이요, 3행에서는 침묵이 禁이란 말로 바뀐 것이 신식이라는 것이다. '요즘 세상에선 말 잘해야 출세해'라는 새로운 진리(?)를 발견하고 시대와 더불어 급속히 변하는 처세술의 격세지감을 실토한 시라 하겠다. 또 이 시 속에는 침묵이 금(金)이었던 옛 시대가 참이요 말을 잘해야 출세한다는 현 시대가 잘못된 것이라는 시사성(示唆性)이 들어 있다. 諷詩調가 그 짧은 시로써 현시대의 많은 모순과 부조리를 다 압축하여 표현할 수 있는 것은 오로지 3행시 속에 짧은 행으로 모든 것을 소화시킬 수 있는 수용성(受容性)과 빠른 전환기능을 지탱할 수 있는 메커니즘에서 온 것이다.

> 銅臭에 코피터진 놈이

> 銅醉로 게워내는 주정
> 뭘 쳐다봐, 너나 나나 다를 것이 없는데
> ― 박진환의 「物神時代・68」

이 시는 銅臭와 銅醉를 병치하고 3행에서 '뭘 쳐다봐, 너나 나나 다를 것이 없는데'로 동류화((同類(化))시킨 해학적인 기법이 눈을 끈다. 銅臭란 말의 뜻은 돈으로 출세를 하려고 하거나 모든 것을 해결해 보려고 하는 물신주의자들을 낮잡아 하는 말인데 오늘날은 술로써 출세를 하려고 하거나 모든 문제를 해결하려고 하는 銅醉도 많다는 것이다. 銅臭와 銅醉의 내용이 담고 있는 절묘한 조화가 압축되어 이 짧은 諷詩調 한 편을 창구로 하여 오늘의 모든 시대상을 한 눈으로 볼 수 있다.

그러나 풍조시에서 행의 자수를 줄이고 표현의 생략적인 효과를 극대화하려는 경제적인 언어구사는 아무나 할 수 있는 것이 아니다. 허다한 諷詩調에서 발견할 수 있는 것은 행이 짧으면 그 표현과 의미성도 부실한 경우가 많다는 것이다. 따라서 諷詩調는 자수(字數)를 최소화하면서도 그 함축성을 최대화할 수 있는 기법이야말로 바로 諷詩調의 완성도를 높이는 첩경임을 알게 된다.

맺는 말

이상과 같이 諷詩調에서 보이는 수사법상의 기법이 형이상시의 그것과 유사한 점이 많다는 것을 알 수 있다. 그러나 그 구조적인 측면에서 볼 때 형이상시보다는 시가 짧고 컨시트도 형이상시보다는 언어유희의 측면에서 독특하고 문자유희의 면에서도 독보적인 경지를 보이고 있는 시라는 것이다. 諷詩調의 대부분이 명확한 양극화 구조로 되어 있고 상반되고 동떨어진 개념이나 사물을 결합하여 부조화의 조화를 이루고 있다. 또한 3행시의 짧은 시로서 생략적이고 압축적인 기법을 통해서 고도의 밀도감을 조성하기 위해 언어와 언어, 행과 행을 교합하여 전개되는 전환속도가 유달리 빠른 것도 그 특징 중의 하나라 하겠다. 이런 시의 특징 때문에 앞으로 諷詩調가 우리나라 문학의 한 장르를 이루고 발전하여 보다 큰 문학성을 발휘하는 날을 기대하여 마지않는다.

조선문학사시인선 1001

諷詩調詩集 · 488

풍간시초 · 4

2025년 11월 1일 인쇄
2025년 11월 10일 발행

지은이 / 박진환
발행인 / 박진환
펴낸곳 / 조선문학사
등록번호 / 1-2733
주소 / 03730 서울 서대문구 통일로 389(홍제동)
전화 / 02-730-2255
팩스 / 02-723-9373
E-mail / chosunmh2@daum.net

ISBN 979-11-6354-380-0

정가 10,000원

※ 인지는 저자와 합의 하에 생략
※ 잘못된 책은 서점에서 교환해 드립니다.